AF338840

UN

HABITANT

DE LA LUNE

AUX

FRANÇAIS.

A LUNOL;

Et se trouve à PARIS;

Chez tous les Marchands de Nouveautés.

L'AN III.

UN HABITANT

DE LA LUNE

AUX

FRANÇAIS.

Felix qui potuit rerum cognoscere causas !

Comme dans l'Empire de la Lune, depuis notre nouvelle Constitution, on peut penser, parler et écrire librement sans crainte ni de la censure, ni de la déportation ; je me suis avisé de jetter sur le papier quelques réflexions sur la situation actuelle de mes chers amis les Français ; je ne sais, si chez eux, comme dans ma Patrie la liberté indéfinie de la Presse existe, mais voulant leur dire la vérité et craignant que sa nudité n'effraye des hommes, qui depuis si long-tems ne l'ont aperçue qu'à travers les épaisses ténèbres dont l'ont entourée l'ignorance, la malveillance et l'intérêt particulier, et ne fasse pleuvoir sur moi, les persécutions, les véxations et les dénonciations; j'ai dû me couvrir de ma qualité inattaquable de *Citoyen de la Lune* : j'espère qu'aumoins le droit des gens sera respecté chez eux, en ma personne; ils pourront par exemple, m'appeler lunatique tant qu'ils voudront, mais alors je leur répondrai que s'ils l'avoient tous été, ils se trouveroient tous heureux.

Le moment approche sans doute, où une nouvelle Constitution, sortant des ruines et des tombeaux doit assurer à la France entière son indépendance et sa prospérité, ou la plonger dans une nuit de malheurs qui l'effaceroit de la liste des peuples civilisés; ce seroit pour lors l'étable d'Augias à nettoyer, et qui voudroit l'entreprendre ? Il faut donc prévenir son encombrement; c'est le but que se propose le lunatique auteur.

Quelque soit la Constitution qui va être donnée au Peuple Français, c'est de sa stricte exécution que dépend son bonheur, sa tranquilité intérieure, le respect que lui porteront les Puissances étrangères et la sûreté de ses relations commerciales.

Que faut-il donc faire pour assurer l'exécution littérale de cette Constitution? Le contraire de ce qui jusqu'à présent a été fait ; il faut que l'homme honnête prenne enfin une part active dans les affaires publiques et n'abandonne pas le soin de sa conservation personnelle et celle de sa propriété à l'homme qui n'attache aucun prix à la première, et qui ne possede pas la seconde.

Je vais m'efforcer de prouver, en posant des principes d'après lesquels je tirerai des conséquences, que c'est de l'inexécution de cette mesure que sont nés tous les malheurs qui ont innondé ce beau pays; que de son exécution seule dépend son salut; les Français d'ailleurs ont des preuves encore trop sanglantes que la marche suivie depuis la Révolution s'éloignoit de plus en plus de celle qu'il falloit suivre pour arriver au but, qui étoit là, où se trouveroit la félicité commune.

En effet, pourquoi la Révolution de la Lune s'est-elle terminée sur le champ? pourquoi des guerres intestines n'ont-elles pas désolé son beau territoire? pourquoi tout le peuple lunatique enfin, bénit-il la Constitution sage que lui ont donnée des législateurs sans passions? Le pourquoi le voici; il donnera le mot de l'énigme aux Français du pourquoi ils sont encore malheureux après six ans de crises révolutionnaires.

Dans la Lune comme en France, lorsque la Révolution arriva, les cerveaux s'exaltèrent, des intérêts différens divisèrent les partis, les privilèges se trouvèrent détruits et des droits communs établis; mais dans la Lune et non pas en France, où la plupart des hommes sont égoïstes, la masse du peuple qui au milieu de ce choc des passions reste toujours neutre, se prononça ouvertement.

Le marchand laissa un moment ses spéculations commerciales, sacrifia une partie du tems que distribue la nature avare pour s'assurer la tranquile possession de l'autre.

L'homme de lettres par ses talens, par son érudition devoit diriger l'opinion publique: le peuple savoit bien que le but de la Révolution étoit son bonheur, étoit une égalité dans les droits naturels; mais le peuple pouvoit comme en France s'égarer, ou être conduit dans une fausse route: il pouvoit comme en France,

être précipité dans des écueils, et ne
s'apercevoir du danger, que lorsque le
gouffre presque plein de victimes de l'i-
gnorance et du charlatanisme, lui feroit
reconnoître qu'il étoit à moitié dévoré !
Eh bien ! nos hommes de lettres fermes,
courageux et patriotes préservèrent le
peuple lunatique de tous ces écarts ; une
heure de travail par jour fut donnée à
l'intérêt commun ; une vraie lumière ré-
pandue à propos éclaira l'horison de notre Révolution, et nous en fit goûter les
douceurs.

L'homme de cabinet se joignit à l'homme de lettres ; il abandonna un instant
l'étude des lois pour aller en propager
l'esprit dans les assemblées du peuple.
Il y conduisoit son opinion dans les sen-
tiers de l'immuable justice, et dès lors il
n'avoit plus à redouter, ni son ignorance,
ni sa vengeance ; le peuple, par le fait
même de la Révolution, venoit d'être
éclairé sur ses droits ; et l'homme de bien
qu'une éducation plus soignée mettoit
au-dessus du commun de ses sembla-
bles, l'éclairoit sur ses devoirs.

Enfin, tous les états se prêtèrent un
appui mutuel de leurs lumières. Ils for-

mèrent entre eux une confédération contre le crime ou l'immoralité. Qu'est-il
arrivé de cette union des honnêtes gens
et de cet ardent amour de la Patrie? La
Constitution de la Lune ne fut jamais
violée, la masse du peuple, la partie
saine et éclairée de la Nation à qui elle
assuroit les droits, veilla pour sa conservation contre les gens intéressés à les
détruire: les pouvoirs se maintinrent, les
ressorts du gouvernement toujours ten-
dus eurent assez de force pour arrêter
les ambitieux et comprimer les mal-
veillans.

Il faut aussi tout dire: dans la Constitution de la Lune on reconnoit des
Citoyens et des *Habitans:* (pour être
Citoyen de Lunol, il faut réunir deux
qualités essentielles, la *propriété* et le
domicile). Cette distinction a beaucoup
contribué au maintien de la tranquilité;
la force publique est entre les mains des
premiers, et les seconds ne sont regardés
par notre gouvernement, que comme
des voyagenrs.

Nous avons chez nous, comme chez
vous, nos gens de lettres, nos historiens,
nos érudits etc. : chez nous, comme chez

(9)

vons, les principes sont uns et invaria-
bles; et voici ceux qui déterminèrent
nos Législateurs dans la défidition de
Citoyen et Habitant.

Dans l'état de nature, l'homme en
naissant avoit pour possession, la terre
que *fouloient ses pieds*, et certes elle ne
pouvoit lui être contestée: la force seule
pouvoit la lui ravir.

Pour prévenir toute usurpation de la
part du plus fort, il sentit le besoin de
se réunir en société; il sentit aussi qu'il
devoit concéder une partie de ses droits
naturels pour qu'elle lui garantît les droits
politiques reconnus par elle. Dès lors sa
possession devint propriété, et chaque
homme en avoit une du produit delaquel-
le il vivoit; le peuple d'abord chasseur,
ensuite pasteur, venoit de passer naturellement à l'état de peuple agricole.

Par la suite des tems et des événemens
les propriétés territoriales s'accumulèrent
dans de mêmes mains; la raison en étoit
dans les échanges nécessitées par les be-
soins des hommes: la société à cette époque passoit de l'état de peuple agricole
à celui de commerçant, quatrième de
l'espèce humaine.

A 5

Différentes causes, telle que la perte prématurée d'un chef de famille, qui n'ayant plus de propriété faisoit vivre ses enfans du travail de ses mains; l'inconduite d'un autre chef de famille vendant, trafiquant sa propriété et en dissipant le produit, laissoit ses héritiers dans l'impossibilité de se soutenir sans le secours de celui, qui plus opulent, seroit assez humain pour leur offrir son appui.

Ces causes dis-je, et beaucoup d'autres firent nécessairement dépendre une portion d'hommes d'une autre, et dès lors la société se trouva divisée en deux classes bien distinctes quoique les individus qui les composoient naquissent tous avec les mêmes droits et les conservassent même toujours également.

La position devenoit critique et dangéreuse à l'état de société, elle dut donc par de bonnes lois, *assurer à l'homme propriétaire, tranquilité dans la jouissance de sa possession.* Mais aussi comme cet homme par l'ascendant qu'il pourroit avoir sur celui non propriétaire qu'il employoit, par un penchant naturel pour le pouvoir, par une habitude d'autorité qu'il avoit, devenoit dangéreux et me-

naçoit d'envahir les droits de l'homme
artisan, elle dut donc aussi assurer à ce
dernier ses droits incontestables, quoique
dans l'état civil il ne soit plus l'égal de
celui, qui plus fortuné le faisoit vivre,
rien ne pouvoit dans celui politique le
subroger dans des droits qu'il tenoit de
la nature.

Les lois durent donc protéger les uns
et les autres, mais d'une manière diffé-
rente.

Le propriétaire par sa nature étant
plus porté à la tranquilité et au maintien
du gouvernement et des lois que l'artisan,
la garde dut lui en être confiée ; mais ce
premier tendant naturellement à envahir, la société dut pour établir la balance
prendre dans la force des lois ce qui man-
quoit à l'artisan pour s'opposer aux progrès de l'ambition du propriétaire ; en
deux mots, voici je crois, la seule égalité politique, ou du moins celle que
l'on a reconnue par la Constitution de
la Lune.

Les lois doivent d'un côté, en assu-
rant protection au propriétaire, mettre
un frein à sa tension naturelle à l'au-
torité : elles durent de l'autre en assurant

A 6

(12)

*à l'artisan son indépendance politique ;
mettre également un frein à sa tension
naturelle à l'envahissement. De-là na-
quit la différence de citoyen et d'habitant.*

Eh bien, c'est de ces principes mis
en pratique par la législature de la lune,
que nous avons su affermir notre tran-
quillité sans blesser les droits de l'homme ; car quoique nous soyons à trente-
trois mille lieues ou environ de vous,
nous n'en sommes pas moins des hommes, et nous n'en connoissons pas moins
les droits.

La marche que vous avez suivie,
vous autres Français étant toute contraire, vous deviez vous attendre aux
maux que vous avez éprouvés ... ils sont
passés .. : je ne veux pas rouvrir vos
plaies que vos législateurs ne ferme-
ront que par une bonne constitution.

Sans doute que d'après les premiers principes de souveraineté , cette constitution sera soumise à la ratification du
peuple ; alors ce sera à lui à bien l'apprécier, à bien juger si elle doit faire son
bonheur, si elle remplit le but que les
hommes se sont proposé en formant
le pacte social ; en un mot , si elle lui

convient. Dans l'hipothèse il l'accepte donc ; il seroit malheureux qu'il se fût trompé ; mais il le seroit mille fois davantage qu'il tentât par la suite de renverser l'édifice que lui-même auroit élevé.

Comme tout peuple cependant peut changer sa Constitution toutes les fois que son intérêt l'exige, sans contredit, que ce droit dans celle du Peuple Français sera reconnu ; mais aussi un mode à suivre pour exercer ce droit toujours dangéreux, devra-t-il être établi pour éviter les secousses qui accompagnent nécessairement un changement d'état. Dès lors un terme aux insurrections souvent bonnes dans leur cause, mais encore plus souvent mauvaises dans leurs effets, se trouve naturellement posé.

Le Peuple Français a donc une bonne constitution, un gouvernement ferme et vigoureux qui fait exécuter les lois. Que lui reste-t-il à craindre pour la liberté ? Beaucoup. Son salut va dépendre du choix de ses Représentans, qui, aux termes de la constitution, devront occuper le *Fauteuil législatif*.

Je dis fauteuil législatif, parce que

la constitution acceptée par le peuple, devant être mise sur le champ en vigueur, les pouvoirs dont elle aura fixé la démarcation, devant sur le champ entrer en exercice, la Convention ne peut plus occuper une place qu'elle même aura déstinée à d'autres; elle sentira qu'elle n'est pas autorité *constitutionnelle*, puisqu'elle est *constituante*; elle sentira que le colosse des pouvoirs dont elle est investie, et dont elle avoit besoin pour bâtir son édifice, deviendroit un sujet d'épouvante pour tous les amis de la liberté publique, et que d'ailleurs, elle même aura fixé l'époque où le peuple doit enfin jouir de la plénitude de ses droits.

Au surplus, ceux des membres de la Convention qu'un vain pouvoir n'éblouit pas, doivent commencer à sentir la pésanteur des rênes du gouvernement; ils doivent desirer qu'une bonne constitution qu'ils auront établie, leur laisse la liberté d'aller se reposer dans le sein de leurs familles. De-là ils iroient jusques dans les hameaux inspirer l'amour du gouvernement qu'ils auroient fondé.

Le peuple va donc être convoqué pour

les assemblées primaires où le choix de ses Représentans doit s'effectuer ; sera-t-il cette fois moins insouciant, comnoîtra-t-il miuex ses intérêts, et l'égoïsme le plus mal raisonné laissera-t-il le lieu de ses séances encore désert, ou livré à une poignée d'intrigans.

Le passé est une leçon pour l'avenir, et celle que les Français ont essuyée, est trop forte, pour qu'elle soit effacée de leur mémoire ; j'espère donc que pour cette fois les honnêtes gens vont se réunir ; que les Français vont prouver qu'ils sont encore dignes d'avoir des lois ; mais qu'ils éloignent avec soin l'intrignant de leurs assemblées, homme terrible en révolution. Un habitant de la Lune va tâcher de le leur signaler.

Dans vos assemblées, c'est lui qui crie le plus haut ; c'est lui qui improvise toujours avec une éloquence insignifiante ou astucieuse, qui sous le prétexte de l'intégrité, dénonce à tort et à travers ; sous le prétexte de l'intérêt public , trouve toutes les places mal remplies. Il faut destituer … on destitue … on le nomme … Une fois en place, il veut passer pour le plus fidèle observateur des lois ; son cri continuel est le danger de la liberté publique, il invente des complots, il dénonce les prétendus auteurs : et du sein de la considération dont il s'est environné pour des services imaginaires, bientôt on voit s'élever un tyran. Qu'un scrutin épuratoire, vous assure de leur expulsion, et votre choix ne peut plus être douteux.

Mais si toujours indifférens pour la chose publique, vous conservez cet esprit d'égoïsme, si vous ne savez pas apprécier le tems ; si vous n'en sacrifiez pas une petite portion pour vous conserver la tranquile possession de l'autre, l'intrigue et la malveillance toujours aux aguets, ne seront pas aussi insoucians que vous. Les gens sans aveu, les gens sans propriété, tous ceux qui n'ont rien à perdre, si non une vie à laquelle ils n'attachent aucun prix, à qui souvent elle est à charge, se réuniront, délibéreront, exerceront en votre nom les droits de la souveraineté. Le choix de pareils hommes pourra-t-il être brillant, aura-t-il produit un homme vertueux ; sera-ce un homme désintéressé, capable de se sacrifier pour tous ? Non, mais il sacrifiera tout à son intérêt ; l'espoir de la fortune et du pouvoir aura pour lui trop d'attraits pour qu'il ne se serve pas de tous les moyens possibles pour se les procurer ; tous lui sont indifférens, ils lui sont également bons ; encouragé par votre foiblesse, soutenu par son audace et par ceux qui l'ont nommé, à qui il aura eu soin de faire distribuer les premières places, il bouleversera tout, il changera votre constitution qui ne lui donnoit aucuns droits ; un nouvel ordre de choses ne pourra que lui être favorable, et dans le trouble qui accompagnera ce changement, et qu'il aura suscité, n'entrevoit-il pas tout à gagner pour lui ?

Vous venez de voir le foible tableau que je viens de tracer, réfléchissez y bien, il n'est qu'une esquisse des maux auxquels vous venez de mettre un terme et de ceux qui se préparent, si vous ne savez les prévenir.

Français, réunissez-vous donc, vos destinées sont dans vos mains ; que l'intérêt général, celui même individuel bien entendu remplace l'égoïsme ; tout

dépend de votre choix pour la législa-
lature : n'y nommez que des hommes
attachés par leur position personnnelle
au maintien de la tranquilité et inca-
pables par système, ou par raison, de
changer l'ordre des choses établi, car le
gouvernement qui subsiste est toujours
le meilleur! un homme ferme, vertueux,
je ne dirai pas bon, il n'en existe que
dans l'état de nature.

Trop éloigné du théâtre des événemens, peut-être les ai-je mal jugés; je n'ai
pu jetter qu'un coup d'œil à la hâte sur
la France , (ma patrie étant en guerre
dans ce moment et depuis deux ans me
trouvant à l'armée); j'ai aperçu sa Révolution, les progrès et les pas rétro-
grades qu'elle a faits, et au travers de
plusieurs mondes qui nous séparent ,
j'ai cru entrevoir l'espoir de sa prospérité. Instruit, quoique jeune , par l'ex-
périence de notre Révolution, j'ai voulu
réunir mes efforts pour aider à la sienne.
Peut-être semblable au fils du soleil ,
ai-je entrepris au-dessus de mes forces,
ou comme Icare voulant m'élever trop
haut , retomberai-je au-dessous du point
dont je n'aurais dû jamais sortir; mes

motifs dans ce cas seront ma consola-
tion, et je retournerai dans la Capitale
de la Lune jouir en paix , fort de ma
conscience , des droits de Citoyen de
Lunol.

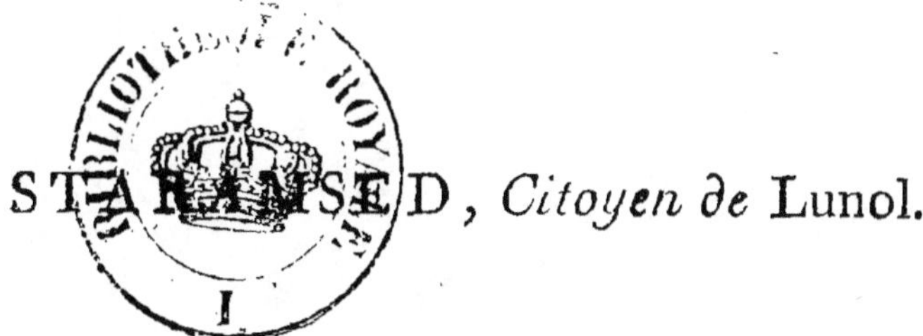

STARAMSED , *Citoyen de Lunol.*